D1719289

Über die Autorin

Christine Klomann, geboren 1977, absolvierte ihr Studium im Fach Wirtschaftsingenieurwesen mit Schwerpunkt Unternehmensplanung und Logistik an der renommierten Universität Karlsruhe (TH) und am INSA de Lyon, Frankreich.

Nach dem Studium war sie zunächst als Projekt- und Teamleiterin im Bereich Logistik und Supply Chain Management in namhaften deutschen Unternehmen tätig.

Die Diplom-Wirtschaftsingenieurin wechselte beruflich im Jahr 2008 auf die Beraterseite und ist seither für die VPPL tätig. Darüber hinaus verfügt sie über eine Ausbildung zum zertifizierten Coach und arbeitet erfolgreich als systemischer Coach für Menschen mit akademischem Hintergrund (www.coaching-weitblick.de).

Christine Klomann

Lagerverwaltungssysteme erfolgreich einführen, ablösen oder weiterentwickeln

Das praxisgerechte Projekthandbuch für LVS und WMS

www.tredition.de

© 2015 Christine Klomann
Umschlag: Illustration © Taras Livyy - fotolia.com
Verlag: tredition GmbH, Hamburg

ISBN
Hardcover   978-3-7323-6243-1

Printed in Germany

Inhaltsverzeichnis

Tabellenverzeichnis

Abbildungsverzeichnis

1 Einleitung

Bereits seit Jahren kommt fast kein Logistikprojekt mehr ohne IT-Systeme aus.

Keine Frage, die Erfindung des Computers und die entsprechende Software haben die Menschheit weitergebracht. Viele Prozesse wurden durch die Einführung von IT-Systemen deutlich effizienter. Allerdings haben auch viele von uns schon erlebt, wenn IT-Systeme fehlerhaft, zu langsam oder gar nicht funktionieren.

In der Logistik gibt es den Einsatz von IT-Systemen bereits seit den 1970er Jahren. Seitdem hat sich Vieles getan. Insbesondere der Einsatz von SAP als Lagerverwaltungssystem nahm in den letzten 10 Jahren enorm zu und hat den Markt grundlegend und weitreichend verändert.

In unserer langjährigen Tätigkeit als Logistikberater haben wir bei unseren Kunden allzu oft die Bekanntschaft von Lagerverwaltungssystemen (LVS) (engl. Warehouse Management Systems (WMS)) machen können, die fehlerhaft, zu langsam oder gar nicht funktionierten. Anstatt von der Software bei ihrer Tätigkeit maximal unterstützt zu werden, wurden häufig die Mitarbeiter im Lager durch das IT-System eher ausgebremst.

In den meisten unserer Projekte ist neben den Themen Technik, Bau und Organisation das IT-System ein wesentlicher Aspekt in Konzeption und Umsetzung. Gegenstand im Projekt bedeutet, dass wir

- ein neues Lagerverwaltungssystem einführen (Einführung),
- ein altes Lagerverwaltungssystem ablösen (Ablösung) oder
- ein bestehendes Lagerverwaltungssystem durch die Abbildung von neuen Prozessen erweitern (Weiterentwicklung).

Das wichtige Thema IT-System behandeln wir in unseren Logistikprojekten immer gesondert, denn nichts ist für Außenstehende so intransparent wie Software und der hierin enthaltene Programmcode. Oftmals steht und fällt der Erfolg eines Logistikprojektes mit dem neuen oder veränderten Lagerverwaltungssystem. Für dieses gewichtige Thema haben wir eine spezielle Vorgehensweise in unseren Projekten entwickelt und wenden diese seit vielen Jahren bei der Einführung, Ablösung oder Weiterentwicklung von Lagerverwaltungssystemen in unseren Projekten an.

Unsere Methode ist gewiss nicht der Königsweg für die Einführung, Ablösung oder Weiterentwicklung von Lagerverwaltungssystemen. Die Erfolge sprechen jedoch für sich.

2 Überblick

2.1 Aufbau des Buchs und Abgrenzung des Themas

Wenn wir in diesem Buch von Logistikprojekten sprechen, beziehen wir uns auf Projekte aus den Bereichen der Intra- oder Standortlogistik. Hierzu gehören die Bereiche

- Distributionslogistik / Versandlogistik
- Produktionslogistik
- Ersatzteillogistik

Diese logistischen Bereiche sind völlig von dem Bereich der Transportlogistik abzugrenzen, auf welche in diesem Buch nicht näher eingegangen wird.

In den Projekten aus den Bereichen der Intra- oder Standortlogistik ist die Einführung, Ablösung oder Weiterentwicklung von Lagerverwaltungssystemen (LVS) bzw. englisch Warehouse Management Systems (WMS) nicht mehr wegzudenken. Der Erfolg eines solchen Projektes wird häufig durch die Qualität und Funktion eines solchen LVS mitbestimmt.

Das vorliegende Projekthandbuch beschreibt die Vorgehensweise, ein Lagerverwaltungssystem einzuführen, abzulösen oder weiterzuentwickeln. Hierbei gehen wir gezielt auf folgende Themen ein:

- Ressourcen (Kapazitäten und Kompetenzen der Projektbeteiligten),
- Kosten und
- benötigte Zeitdauer.

Jedes Kapitel endet mit einer kurzen Zusammenfassung in einem Kasten. Dieser enthält immer die wichtigsten Erkenntnisse und Punkte des Abschnitts oder Kapitels.

2.2 Definition Projekt

Unsere Methode soll die Vorgehensweise für komplexe LVS-Projekte beschreiben. Wir haben die Erfahrung gemacht, dass heute im beruflichen Umfeld fast jede Aufgabenstellung als Projekt bezeichnet wird. Für das Selbstmarketing und auch das Selbstwertgefühl der Mitarbeitenden im Unternehmen ist dies sicherlich nachvollziehbar. Doch welche Definition macht ein Projekt aus? Ist es die Definition einer einmaligen Aufgabe? Auf diese Frage möchten wir eine Antwort geben.

Projekte haben bestimmte Merkmale, mit denen schnell und einfach geprüft werden kann, ob die Bezeichnung „Projekt" im Einzelfall gerechtfertigt ist. Ein Projekt liegt nur dann vor, wenn es die nachstehenden Eigenschaften aufweist (nach DIN 69901):

- Einmaligkeit
- definiertes Ziel bzw. Zielvorgabe
- zeitliche, finanzielle und personelle Rahmenbedingungen
- Abgrenzung zu anderen Vorhaben

- projektspezifische Organisation
- Komplexität

Auf Grund dieser Projektmerkmale besteht bei jedem Projekt ein höheres Risiko als bei Routinefällen bzw. Routineaufgaben. Dieser Sachverhalt ist logisch nachvollziehbar. *(Quelle: www.wikipedia.org, Definition des Begriffs „Projekt")*

Bitte überprüfen Sie sich anhand dieser Merkmale selbst, ob in Ihrem konkreten Fall ein LVS-Projekt vorliegt, oder ob es sich um eine isolierte Aufgabe im IT-System bzw. um eine Änderungsanforderung innerhalb eines bestehenden Projektes handelt (z.B. Change Request). Die beschriebene Vorgehensweise bezieht sich ausschließlich auf Projekte in diesem definierten Sinn.

2.3 Abgrenzung der im Buch beschriebenen Szenarien

Dieses Buch trägt den Titel „Lagerverwaltungssysteme erfolgreich einführen, ablösen oder weiterentwickeln". Zur Abgrenzung möchten wir diese Unterteilung erläutern und jeweils mit einem Beispiel beschreiben. Die im Buch genannten Beispiele sind fiktiv. Ähnlichkeiten mit real existierenden Unternehmen sind rein zufällig.

Einführung

Das Unternehmen arbeitet aktuell ohne ein funktionierendes Lagerverwaltungssystem. In weniger komplexen Logistikanlagen wird heute noch häufig mit Papier und einem Karteikastensystem gearbeitet. Ziel eines LVS-Projektes ist hier die Einführung der Software und somit die Software-basierte Unterstützung für die Mitarbeiter in der Logistik.

> Beispiel: Der Produktionsstandort eines Pharmaunternehmens verfügt über zwei Lagerbereiche: Ein Lager für Rohstoffe, Komponenten und Verpackungsmaterial, das andere Lager für Fertigprodukte. Bisher wurden die Lagerbestände im Rohstoff- und Verpackungslager in Form eines Karteikastensystems, nach dem Prinzip eine Karte pro Artikel, verwaltet. Das Fertigwarenlager mit einer Kapazität von ca. 500 Paletten wurde mit Hilfe einer Excel-Liste und der jahrelangen Erfahrung einzelner Mitarbeiter geführt und verwaltet. Die Geschäftsleitung plant schon lange, an diesem Standort ein LVS einzuführen, um zum einen Transparenz bei den Beständen zu erreichen und zum anderen, um unabhängig vom Know-how einzelner Mitarbeiter zu werden, die in einigen Jahren in Ruhestand gehen. Die Konzernleitung hat das Projektbudget nun freigegeben, um ein Lagerverwaltungssystem am Standort einzuführen.

Ablösung

Die Logistik eines Unternehmens wird mit Hilfe eines Lagerverwaltungssystems gesteuert, das System unterstützt und steuert die Arbeit der einzelnen Mitarbeiter in der Logistik. Das Unternehmen möchte das bestehende System ablösen und ein neues System einführen. Gründe hierfür können sein, dass das alte System neue komplexe Prozesse auch durch eine Weiterentwicklung nicht mehr unterstützen kann, der Support durch die Überalterung für das System nicht mehr gegeben ist oder beispielsweise ein Softwarehouse nicht mehr existiert (Insolvenz, Übernahme).

Der größte Anteil von LVS-Ablösungsprojekten heute ist jedoch im Thema SAP zu begründen. Viele Unternehmen möchten eine einheitliche IT-Struktur mit möglichst wenigen Subsystemen. Es bietet sich in diesem Fall an, ein bestehendes LVS abzulösen und durch SAP zu ersetzen.

> Beispiel: Das europäische Logistikzentrum eines Konsumgüterherstellers wird seit Ende der 1990er Jahre mit dem gleichen Lagerverwaltungssystem betrieben. Für die damaligen Verhältnisse verfügt das System über ausgeklügelte Algorithmen bei der Batchbildung für die Kommissionierung; auch eine effiziente Packstückbildung gibt es schon. Die Firma, die das LVS entwickelte, gibt es schon seit über zehn Jahren nicht mehr. Um den Support zu sichern und um kleinere Änderungen im System zu realisieren, wurden die alten Mitarbeiter der LVS-Firma auf freier Basis engagiert. Im Rahmen eines Insourcing-Projektes sollen zukünftig weitere Prozesse im Logistikzentrum realisiert werden, bei denen zwingend eine LVS-Unterstützung notwendig ist. Da alle Teilbereiche im Unternehmen mittlerweile mit SAP arbeiten, soll nun auch im Logistikzentrum SAP als Lagerverwaltungssoftware eingeführt werden.

Weiterentwicklung

Die Logistik eines Unternehmens wird mit Hilfe eines LVS gesteuert, die Prozesse der Mitarbeiter werden durch das System effizient unterstützt. Die Logistik des Unternehmens wird im großen Stil verändert. Es kann z.B. sein, dass erstmalig Automatisierung zum Einsatz kommt oder beispielsweise der komplette Kommissionierprozess von einer Kommissionierung mit Beleg auf eine beleglose Kommissionierung mit Pick-by-Light-Unterstützung umgestellt werden soll. Andere

Gründe können sein, dass eine andere Form der Auftragseinlastung (parallel statt bisher seriell) oder die Einführung einer Packstückbildung, auch Packstückvorberechnung oder Case Calculation genannt, realisiert werden soll. Insbesondere die Einführung einer Packstückbildung darf nicht unterschätzt werden, da eine andere Logik und neue, komplexe Algorithmen zum Einsatz kommen. Für das Unternehmen ist es somit zwingend notwendig, das im Einsatz befindliche LVS weiterzuentwickeln.

> Beispiel: Ein Großhandelsunternehmen für Haustierbedarf betreibt zwei Logistikstandorte in Deutschland. Historisch bedingt werden an beiden Standorten unterschiedliche Lagerverwaltungssysteme eingesetzt: Der Standort in Süddeutschland nutzt LVS1, der Standort in Norddeutschland nutzt LVS2. Um die Bestände zu reduzieren, sollen zukünftig alle logistischen Aktivitäten im Logistikzentrum Süd zentralisiert werden. Der Standort in Norddeutschland wird geschlossen. Um die neuen Kapazitäten im Logistikzentrum Süd unterzubringen und um eine effizientere Abwicklung mit höherer Produktivität zu erreichen, werden im Rahmen des Projektes sowohl bauliche Maßnahmen als auch die Änderung von einstufiger zu zweistufiger Kommissionierung vorgenommen. Das LVS1, welches bereits im Logistikzentrum Süd im Einsatz ist, soll entsprechend weiterentwickelt und erweitert werden, um den neuen Anforderungen zu genügen.

Die folgende Tabelle enthält eine Übersicht, welche Ausgangssituationen existieren und welche Entscheidungen im Rahmen des Projektes getroffen werden müssen. Hierbei wird nach den Szenarien Einführung, Ablösung sowie Weiterentwicklung unterschieden.

	Einführung	Ablösung	Weiterentwicklung
Ausgangssituation			
LVS bereits im Einsatz	nein	ja	ja
Entscheidungen			
Wahl System (proprietär oder SAP)	ja	ja	nein
Auswahl eines Lieferanten	ja	ja	nein
Umsetzung			
Abbildung von Ist-Prozessen	ja	ja	nein
Abbildung von Soll-Prozessen	ja/nein	ja/nein	ja

Tabelle 1: Ausgangssituation für Einführung, Ablösung und Weiterentwicklung

2.4 Projektphasen in einem LVS-Projekt

Ein LVS-Projekt beinhaltet drei Projektphasen. Jede Phase hat hierbei ein definiertes Ziel.

Die Projektphasen und ihre Ziele sind:

- **Phase 1:** IST-Aufnahme und Konzeptentwicklung
  Ziel: Entscheidungsfindung vorläufiger LVS-Lieferant und System
- **Phase 2:** Feinplanung mit Feinpflichtenhefterstellung
  Ziel: Kostensicherheit und Lieferantenbeauftragung
- **Phase 3:** Umsetzung und Inbetriebnahme
  Ziel: Störungsfreie Inbetriebnahme und Erreichen der Projektziele

Jede Projektphase und die darin enthaltenen Themenblöcke werden in den folgenden Kapiteln detailliert beschrieben. Jeder Themenblock beinhaltet hierbei eine Aufstellung darüber,

- welche Ressourcen (Mitarbeiter intern, extern) mit welcher Kapazität (Höhe des Aufwands),
- über welche Zeitdauer für ein konkretes Thema benötigt werden, und
- welche Kosten (Projektierungskosten, Investitionen) hierbei anfallen.

Hinsichtlich der menschlichen Ressourcen unterscheiden wir zwischen internen und externen Mitarbeitern. Unternehmen verstärken sich häufig für die Umsetzung von LVS-Projekten mit externen Ressourcen (Logistikberatung), die das Unternehmen über die Projektlaufzeit begleiten und kompetenter Ansprechpartner für den LVS-Lieferanten sind. Dies ist eine Folge des Umstands, dass es solche komplexen Projekte in einem Unternehmen in der Regel nur alle 10 bis 15 Jahre gibt; entsprechend kompetente Ressourcen/Mitarbeiter können nicht über diese Zeitdauer im Unternehmen vorgehalten werden. Mitarbeiter eines Unternehmens, die ein solches LVS-Projekt in der Vergangenheit aktiv mitgestaltet haben, stehen meistens nach dieser langen Dauer für ein erneutes LVS-Projekt nicht mehr zu Verfügung. Entweder haben sie sich beruflich im Unternehmen an eine andere Position entwickelt, oder sie haben das Unternehmen in der Zwischenzeit wieder verlassen, um ihren beruflichen Werdegang anderweitig fortzuführen.

2.5 Die Auswahl einer passenden, externen Ressource (Logistikberatung)

Wichtig ist bei der Auswahl der externen Ressource (Logistikberater), dass diese

- über das notwendige Wissen und ausreichend Erfahrung verfügt,
- bereits mehrfach Projekte dieser Art durchgeführt und begleitet hat und
- entsprechende persönliche Projektreferenzen vorweisen kann.

Bei der Auswahl geht es um Menschen und nicht um wohlklingende oder große Firmennamen. Lassen Sie sich nicht durch die lange Referenzliste einer großen Beratung beeindrucken. Fragen Sie die für Sie potentiell eingeplanten und abgestellten Berater nach ihren persönlichen Projektreferenzen und Erfahrungen. Die externe Ressource sollte darüber hinaus unabhängig am Markt agieren und keine Präferenzen für bestimmte Anbieter von LVS-Systemen haben. Sonst kann und wird in Ihrem Projekt kein sauberer Wettbewerb stattfinden, was sich nachteilig auf Preis und Qualität auswirken kann.

Wir können in diesem Buch natürlich nicht verschweigen, dass wir uns als eine solche externe Ressource verstehen: Wir verfügen über das nötige Wissen und bringen die Erfahrung mit, um solche Projekte mit unseren Kunden gemeinsam zum Erfolg zu führen.

An dieser Stelle möchten wir die „Goldene Regel" in einem LVS-Projekt vorstellen:

„Qualität geht vor Zeit!"

Dies gilt sowohl für die Auswahl einer externen Ressource (Logistikberatung) als auch für den weiteren Projektverlauf.

Die wichtigsten Erkenntnisse dieses Abschnitts

- Klären Sie im Vorfeld ab, ob es sich bei Ihnen wirklich um ein komplexes LVS-Projekt handelt.

- Nehmen Sie sich ausreichend Zeit für die Suche und Auswahl nach einer passenden Logistikberatung. Bei der <u>Auswahl geht es um Menschen</u> und nicht um wohlklingende oder große Firmennamen. Lassen Sie sich nicht durch die lange Referenzliste einer großen Beratung beeindrucken.

- Beachten Sie folgende Kriterien bei der Auswahl der Logistikberatung:

  o notwendiges Wissen
  o ausreichend Erfahrung
  o Häufigkeit und Durchführung solcher Projekte
  o persönliche Projektreferenzen der für Sie potentiell eingeplanten Berater

3 Projektphase 1: IST-Aufnahme und Konzeptentwicklung

Die Projektphase 1 „IST-Aufnahme und Konzeptentwicklung" beinhaltet folgende Themen:

1. Aufstellen eines internen Projektteams
2. IST-Aufnahme / SOLL-Darstellung
3. Erstellung eines Grobkonzeptes (Lastenheft)
4. Anfrage und Vorauswahl potentieller LVS-Lieferanten
5. Durchführung von LVS-Machbarkeitsworkshops
6. Entscheidungsfindung vorläufiger LVS-Lieferant und System

Zu Beginn der ersten Projektphase sollte sich ein Unternehmen bereits entschieden haben, mit welchem/n Logistikberater/n es im Rahmen des Projektes zusammenarbeiten möchte. Es ist wichtig, dass diese externe Ressource bereits beim Start des Projektes dabei ist, um

- alle Personen im Projekt ausreichend kennenzulernen,
- die Hintergründe des Projektes und der Personalauswahl zu kennen und
- federführend alle Schritte von Beginn an im Projekt ein- und anzuleiten.

3.1 Aufstellen eines internen Projektteams

Bevor weitere Aktivitäten im Projekt gestartet werden, sollte das unternehmensinterne Projektteam zusammengestellt werden. Mitarbeiter können sich besser mit Projekten und deren Inhalten identifizieren, wenn sie von Beginn an dabei sind und grundlegende Dinge mitdiskutieren, ihre Argumente einbringen können und Entscheidungen mittragen.

Das interne Projektteam sollte folgende Personen beinhalten:

- Projektleitung aus der operativen Logistik,
- Key-User, welche die aktuellen Prozesse kennen,
- Key-User, welche in die neue, geänderte Abwicklung und das (neue) LVS eingearbeitet werden sollen und
- Ansprechpartner aus der IT-Abteilung des Unternehmens.

Dieses Projektteam sollte während der kompletten Projektlaufzeit bestehen. Wichtig ist hierbei, dass der spätere operative Betreiber bzw. die späteren operativen Betreiber der operativen Logistik Mitglieder im Projektteam sind. Dies kann der Projektleiter oder können auch die Key-User sein. Hintergrund hierbei ist, dass während der gesamten Projektlaufzeit immer wieder wichtige Entscheidungen hinsichtlich der Realisierung von Prozessen und Abläufen getroffen werden müssen. Die Personen im Projekt, insbesondere die späteren operativen Betreiber, sollen sich mit dem Projekt und dem erarbeiteten Ergebnis identifizieren können. Nur wenn sich das interne Projektteam mit dem LVS-Projekt identifiziert, kann das Projekt ein Erfolg werden. Denn in jedem Projekt gibt es schlechte Zeiten mit Frust und vielen Überstunden, die gemeinsam überstanden werden müssen.

Die Mitglieder sollten seitens der Unternehmensführung mit ausreichend freier Kapazität eingeplant und mit entsprechender Entscheidungskompetenz für das Projekt ausgestattet werden. Denn nur wer über ausreichende Entscheidungsbefugnisse verfügt, kann und wird Verantwortung in einem Projekt übernehmen.

Die wichtigsten Erkenntnisse dieses Abschnitts

- Die externe Logistikberatung sollte bereits bei Projektbeginn dabei sein.

- Das Projektteam sollte während der kompletten Projektlaufzeit bestehen.

- Wichtig ist hierbei, dass der spätere operative Betreiber bzw. die späteren operativen Betreiber der Logistikanlage Mitglieder im Projektteam sind.

- Nur wenn sich das interne Projektteam mit dem LVS-Projekt identifiziert, kann das Projekt ein Erfolg werden, und schwierige Phasen können während der Projektlaufzeit gemeinsam im Team gemeistert werden.

3.2 IST-Aufnahme / SOLL-Darstellung

Der Beginn aller Projektaktivitäten ist die IST-Aufnahme. Hier wird die aktuelle Situation der operativen Logistik in allen Bereichen umschrieben und dargestellt. Werden bestehende Prozesse im Rahmen des LVS-Projektes geändert, oder es kommen neue Prozesse hinzu, so muss zusätzlich eine SOLL-Darstellung erfolgen.

Die IST-Aufnahme beinhaltet folgende Punkte:

- Lagerstruktur,
- Mengengerüst,
- Mandanten und ihre Auftragsarten (Geschäftsprozesse),
- Funktionsbereiche und Abwicklungsprozesse sowie
- IT-Architektur.

3.2.1 IST-Aufnahme Lagerstruktur / SOLL-Lagerstruktur

Die Lagerstruktur stellt alle Lagerbereiche eines Standorts sowie dazugehörige Außenläger mit ihren Lagereigenschaften dar:

- Standort
- Reserve-/ Nachschub- und/oder Kommissionierlagerbereich
- Lagertechnik (z.B. automatisches Hochregallager, manuelles Palettenregal, Fachbodenregal, automatisches Kleinteilelager usw.)
- Lagereinheit (z.B. Palette, Rollgitter, Behälter usw.)
- Anzahl Stellplätze
- Datenfunkanbindung vorhanden: ja/nein
- System-basierte Lagerverwaltung und –steuerung vorhanden: ja/nein

Sofern nur der IST-Zustand im neuen System abgebildet werden soll, entfällt die SOLL-Lagerstruktur.

Werden dagegen neue Lagerbereiche nach gleicher Struktur im Rahmen des Projektes in Betrieb genommen, müssen diese wie soeben aufgeführt beschrieben und kategorisiert werden.

3.2.2 IST-Aufnahme Mengengerüst / SOLL-Mengengerüst

Das Mengengerüst beinhaltet alle Kennzahlen zu den IST-Auftragsdaten des IST-Materialflusses, den IST-Prozessen und der aktuellen logistischen Leistung.

Das logistische Geschäft eines Unternehmens kann über sein Mengengerüst dargestellt werden. Soll in einem LVS das logistische Geschäft verschiedener Mandanten gesteuert werden, wie dies oft bei Dienstleistern/Kontraktlogistikern der Fall ist, sollte für jeden Mandanten ein eigenes Mengengerüst erstellt werden.

Dieses Mengengerüst beinhaltet alle Informationen (Kennzahlen) zum logistischen Tag in einer Logistikanlage wie z.B.:

- Anzahl Artikel und deren geometrische Abmessungen,
- Artikelumschlagshäufigkeit,
- ABC-Analyse der Artikel,
- Anzahl Aufträge,
- Anzahl Positionen,
- Anzahl Pickeinheiten (Palette, Karton, Stück) pro Lagerbereich,
- Pickleistungen der verschiedenen Kommissionierbereiche,
- Besonderheiten hinsichtlich saisonaler Schwankungen usw.

Diese Liste von Kennzahlen ist bei Weitem nicht vollständig und stellt nur einen Auszug dar.

Um einen logistischen Tag auf der Basis von Kennzahlen darzustellen, sollte immer ein Zeitraum von mehreren Wochen ausgewertet werden. Die ausschließliche Betrachtung von Durchschnittswerten kann riskante Folgen haben, da z.B. Spitzentage in der Auswertung untergehen. So ist es hilfreich, neben der Mittelwertberechnung auch immer den kleinsten (Min) und den größten (Max) Wert im Betrachtungszeitraum anzuschauen.

Sofern nur der IST-Zustand im neuen System abgebildet werden soll, wird das IST-Mengengerüst eingefroren. Zu einem späteren Zeitpunkt, wenn das Projekt umgesetzt ist, kann dann überprüft werden, ob z.B. die Pickleistung durch das neue LVS im Minimum gleich geblieben ist bzw. sich sogar verbessert hat.

Werden im Rahmen des Projektes dagegen neue Lagerbereiche in Betrieb genommen, oder es werden bestehende Prozesse geändert, um z.B. effizienter zu arbeiten, müssen die geforderten und erwarteten Kennzahlen festgelegt und als Ziel ausgelobt werden. Ein erwartetes größeres Mengengerüst in Form von Aufträgen und Positionen, die ein Unternehmen z.B. aufgrund von Wachstumsprognosen in der Zukunft erwartet, muss ebenso dokumentiert sein, um einen späteren Abgleich zu ermöglichen.

3.2.3 IST-Aufnahme Auftragsarten / SOLL-Auftragsarten (Geschäftsprozesse)

Die Logistik eines Unternehmens ist immer sehr individuell. Werden verschiedene Mandanten in einer Logistikanlage abgewickelt, hat jeder Mandant seine individuellen Vorgaben, welche Charaktereigenschaften (Geometrie der Artikel, Anzahl Positionen pro Auftrag usw.)

seine Kundenaufträge haben und wie diese zu versenden (Spedition, Paketdienst usw.) sind.

Diese Vielfalt und Individualität spiegelt sich in den Auftragsarten und den daraus resultierenden Geschäftsprozessen wider.

Bzgl. verschiedener Auftragsarten sind wichtige Informationen z.B.

- Stückgut vs. Paketdienst
- Sammelaufträge, Sammelsendungen, Bündelung
- Aufträge mit speziellem Servicecharakter (z.B. Auslieferung am nächsten Tag, Express, Aufträge mit Konfektionierung, Etikettierung usw.)
- Vorgabe von speziellen Packschemata.

Sollen im Rahmen des Projektes neue Auftragsarten oder sogar neue Mandanten mit eigenem Artikelspektrum in das System aufgenommen werden, müssen diese Anforderungen in Form von SOLL-Auftragsarten beschrieben werden. Wichtig ist hierbei, ob neue Auftragsarten in der operativen Logistik hinzukommen, die in dieser Art und Weise im IST-Zustand noch nicht abgebildet sind und neu definiert werden müssen.

Als Beispiel sei hier ein Logistikzentrum beschrieben, welches bisher seine Aufträge per Spedition oder per Paketdienst verschickt. Ein neuer Mandant mit Kleinstartikeln soll aufgeschaltet werden, so dass zukünftig auch Ware als Brief (Warensendung) verschickt werden soll. Der Prozess am Packplatz für Briefe muss somit neu definiert werden.

3.2.4 IST-Aufnahme Funktionsbereiche mit IST-Abwicklungsprozessen / SOLL-Funktionsbereiche mit SOLL-Abwicklungsprozessen

Alle Prozesse entlang des Materialflusses werden nun aus Sicht der operativen Logistik beschrieben. Im Gegensatz zu einer rein logischen Abfolge gemäß einem Materialflussschema ist hierbei die Art und Weise gemeint, wie operativ gearbeitet wird.

Häufig wird in LVS-Projekten nur der logische Ablauf von Prozessen beschrieben. Wichtig ist aber, dass ersichtlich dargestellt wird, wie das System die Mitarbeiter bei ihrer täglichen Arbeit unterstützen soll, d.h. wie im Detail mit dem System gearbeitet wird.

Folgende Bereiche sollten, sofern betroffen, dargestellt werden:

- Wareneingang und Vereinnahmung
- Nachschubprozesse (im Logistikzentrum, in speziellen Lagerbereichen, ggf. von bewirtschafteten Außenlägern)
- Kommissionierung
- Konsolidierung
- Verpacken
- Warenausgang und Verladung
- Sonderabwicklungen für spezielle Kunden (Konfektionierung, Etikettierung, Sammelaufträge etc.)
- Sonderprozesse (Artikel mit speziellen Eigenschaften etc.)

Werden im Rahmen des Projektes bestehende Abwicklungsprozesse geändert und/oder neue Abwicklungsprozesse in Betrieb genommen, müssen diese im Rahmen der Funktionsbereiche eindeutig beschrieben werden.

3.2.5 IST-Aufnahme IT-Architektur / SOLL-IT-Architektur

Die IT-Architektur umfasst sowohl Hardware als auch Software. Sofern bereits vorhanden, muss die bestehende Systemlandschaft (Software und Hardware) für sämtliche das Projekt betreffenden Logistikstandorte bzw. Lagerbereiche mit ihren Funktionalitäten und Schnittstellen dargestellt werden. Wenn noch kein LVS im Einsatz ist, muss die Schnittstelle zum bestehenden ERP-System, über das die Aufträge ins LVS gelangen sollen, beschrieben werden. Die folgenden beiden Abbildungen sollen exemplarisch aufzeigen, wie solche IT-Architekturen aussehen können.

Die erste Abbildung stellt eine IT-Architektur / Landschaft eines Unternehmens dar, welches die Distributionslogistik der eigenen Produkte betreibt. Neben einem proprietären LVS, das die Aufträge für die Logistik aus dem übergeordneten Host-System, im konkreten Fall SAP/R3, bekommt, werden mittels Datenfunktechnik die mobilen Terminals auf den Staplern gesteuert. Darüber hinaus verfügt die Logistik in der Kommissionierung für Kleinteile über eine Pick-to-Light-Anlage, welche auf den Kommissionierwagen im Einsatz ist (Multi-Order-Picking). Mittels dieser Technik wird den Mitarbeitern in der Kommissionierung angezeigt, in welches Fach auf dem Kommissionierwagen die gepickte Menge zu legen ist.

Der Druck von Lieferscheinen und sonstigen Versandpapieren erfolgt in einem separaten System, welches über eine Schnittstelle an das Lagerverwaltungssystem angeschlossen ist.

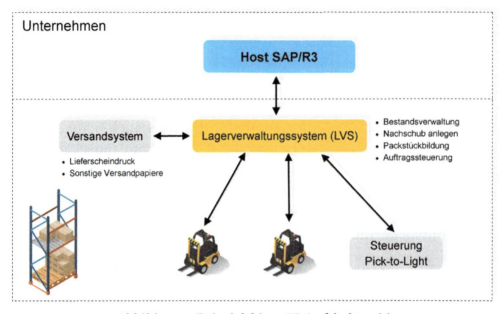

Abbildung 1: Beispielskizze IT-Architektur (1)

Das zweite Beispiel zeigt ein Unternehmen, welches sowohl die eigene Distributionslogistik als auch die Distribution für externe Kunden als Dienstleiter übernimmt. Neben einem eigenen ERP-System (SAP/R3) sind weitere Mandanten (Kunden) mit ihren Host-Systemen an das bestehende LVS angebunden. Aktuell ist im Beispiel ein proprietäres LVS im Einsatz. Es gibt einen Materialflussrechner (MFR), der die vorhandene Fördertechnik und ein AKL mit fünf Gassen steuert. In der Großteile-Kommissionierung kommt aktuell eine Unterstützung mit Pick-by-Light (Anzeige am Pickplatz) sowie Staplern mit mobilen Terminals zum Einsatz.

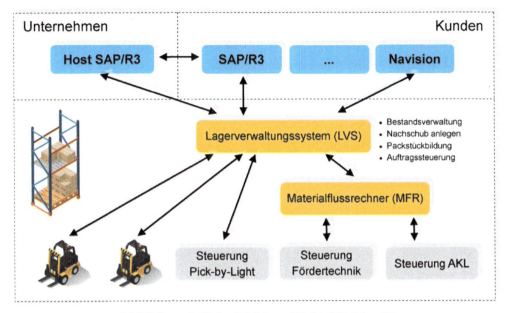

Abbildung 2: Beispielskizze IT-Architektur (2)

Bei Projektbeginn gibt es in der Regel noch keine definierte SOLL-Architektur, da die Konzeptphase dazu dient, alle Anforderungen an das neue bzw. veränderte IT-System zu definieren. Selbst bei einer umfassenden Weiterentwicklung eines Lagerverwaltungssystems müssen häufig neue Elemente in die IT-Landschaft integriert werden. Im Rahmen von umfassenden, komplexen LVS-Projekten ist es immer sinnvoll, die bestehende IT-Landschaft samt LVS kritisch zu untersuchen und zu hinterfragen:

- Gibt es z.B. veraltete Elemente in Soft- oder Hardware (z.B. Support ausgelaufen)?

- Können diese gleich im Rahmen des Projektes mit auf den neusten technischen Stand gebracht oder komplett ersetzt werden?
- Gibt es Risiken das System betreffend?

Insbesondere bei Großprojekten, wo im Rahmen der Projektphase 1 (IST-Aufnahme und Konzeptentwicklung) darüber entschieden wird, welches LVS-System zum Einsatz kommen soll, kann die SOLL-Architektur erst nach der finalen Entscheidung für ein System konzipiert werden.

3.2.6 Ressourcenübersicht

Die folgende Aufstellung verdeutlicht,

- welche Ressourcen (Mitarbeiter intern, extern) mit welcher Kapazität (Höhe des Zeitaufwands),
- über welche Zeitdauer für diesen Themenblock in etwa benötigt werden, und
- welche Kosten hierbei anfallen.

Notwendige Ressourcen

Interne Ressourcen		Externe Projektierungsressourcen	
Projektteam Logistik	IT-Abteilung	Logistikberatung	LVS-Lieferant
+	+	++	−

Zeitbedarf: **o** gering **+** hoch **++** sehr hoch **−** keiner

Geschätzte Dauer

1 Monat. Abhängig von der Verfügbarkeit der betroffenen Personen im Projekt kann die geschätzte Dauer hiervon abweichen.

Anfallende Kosten

Projektierungskosten, Engineering

Abbildung 3: Übersicht Ressourcen IST-Aufnahme / Soll-Darstellung

Die wichtigsten Erkenntnisse dieses Abschnitts

- Nehmen Sie sich für die IST-Aufnahme und die SOLL-Darstellung ausreichend Zeit. Wer hierbei zu oberflächlich über die Themen geht, wird im späteren Projektverlauf einen deutlichen Mehraufwand an Zeit und ggf. auch Kosten haben.

- Definieren Sie Ihr Mengengerüst genau und fixieren Sie dieses. In der Regel wird ein Projekt auf Basis dieser Kennzahlen bewertet, ob es erfolgreich war. Auch für die LVS-Lieferanten ist wichtig zu wissen, an welchen Zahlen ein Ergebnis gemessen wird. Schließlich soll ein Projekterfolg gemeinsam gefeiert werden.

- Legen Sie bei der IST-Aufnahme / SOLL-Darstellung ein besonderes Augenmerk auf die operative Sicht. Ziel ist immer, dass die Mitarbeiter in der Logistik mit dem LVS bei ihrer täglichen Arbeit unterstützt werden. Sie müssen mit dem System möglichst einfach arbeiten können (Ergonomie). Diese Sicht ist ein völlig anderer Ansatz, denn häufig wird das Augenmerk ausschließlich auf den logischen Ablauf von Prozessen gerichtet.

3.3 Erstellung eines Grobkonzeptes / Lastenheft

Im Grobkonzept, auch Lastenheft genannt, wird aus operativer Sicht die neue, geplante Abwicklung beschrieben, die durch das LVS unterstützt, gesteuert und verwaltet werden soll. Dieses Dokument beinhaltet somit alle Prozesse im Lager und die komplette Lagerstruktur. Hierbei werden alle Änderungen zum bestehenden Ablauf, die z.B. für eine Leistungssteigerung der Logistik (neue Abläufe, neue Technik etc.) notwendig sind, berücksichtigt.

Handelt es sich bei dem Projekt um eine LVS-Ablösung oder LVS-Einführung, bei der ausschließlich die bestehende Logistik-Abwicklung abgebildet werden soll, reduziert sich der Inhalt des Grobkonzepts auf das Bestehende.

Im Grobkonzept werden in der Regel folgende Themen dargestellt:

- Lagerstruktur
- Geforderte Leistungszahlen (z.B. Anzahl Doppelspiele im automatischen Hochregallager, Anzahl Picks pro Mitarbeiter und Stunde, Anzahl verpackter Einheiten pro Stunde am Packplatz usw.)
- Wareneingang und Vereinnahmung
- Nachschub
- Packstückbildung, auch Case Calculation genannt
- Strategien für Nachschub, Auftragsteuerung, Einlagerungssystematik
- Kommissionierung
- Verpacken und Versandbelege erstellen (Etiketten, Lieferscheine usw.)
- Warenausgang und Verladung
- Sonderabwicklungen für spezielle Kunden (Konfektionierung, Etikettierung, Sammelaufträge usw.)
- Sonderprozesse (z.B. für Artikel mit speziellen Eigenschaften)
- Inventur

- Monitoring Lager gesamt und Lagerbereiche (Status des operativen Tagesgeschäfts)
- Statistiken / Controlling (Kennzahlensystem zur Auswertung der Vergangenheit)

Das Grobkonzept, dessen Gesamtumfang von der Komplexität des Projektes und dem Projektumfang abhängt, bildet die Grundlage, um potentielle LVS-Lieferanten anzufragen. Dieses Grobkonzept ist die Basis, damit sich die potentiellen LVS-Lieferanten auf den späteren LVS-Machbarkeitsworkshop vorbereiten können (LVS-Einführung, LVS-Ablösung).

Handelt es sich bei dem Projekt um eine Weiterentwicklung eines im Einsatz befindlichen Lagerverwaltungssystems, dient das Grobkonzept als Basis für das Gespräch mit dem aktuellen LVS-Partner.

Qualitativ hochwertige Grobkonzepte, die einen qualitativ hohen Einfluss auf den späteren operativen Betrieb der Logistik haben, können nur von Personen geschrieben werden, die einen Bezug zur operativen Praxis und einen hohen Anspruch an das Projektergebnis haben. Hierzu gehört in jedem Fall viel Erfahrung und Weitsicht. In unserer Tätigkeit als Logistikberater bekommen wir immer wieder bereits geschriebene Grobkonzepte zur Durchsicht, die von anderen Externen erstellt wurden. Häufig fehlt hier jeglicher Bezug zur Praxis und zur Operativen. Wir möchten keinen Personen in unserer Branche zu nahe treten: Aber wer nach seinem Studium noch nie in einer operativen Logistik gearbeitet hat und im Rahmen seiner Tätigkeit als Berater noch nie bei einer Realisierung und Inbetriebnahme eines solchen Projektes aktiv dabei war, dem fehlt schlichtweg die Erfahrung und die Sicht auf praxisnahe und ergonomische Prozesse.

Das Grobkonzept wird in der Regel von der externen Projektierungs-ressource, d.h. der externen Logistikberatung, geschrieben.

3.3.1 Ressourcenübersicht

Im Folgenden sind die notwendigen Ressourcen für den Themenblock „Erstellung eines Grobkonzepts / Lastenhefts" beschrieben.

Notwendige Ressourcen

Interne Ressourcen		Externe Projektierungsressourcen	
Projektteam Logistik	IT-Abteilung	Logistikberatung	LVS-Lieferant
O	O	++	–

Zeitbedarf: **o** gering **+** hoch **++** sehr hoch **–** keiner

Geschätzte Dauer

1 Monat. Abhängig von der Verfügbarkeit der betroffenen Personen im Projekt kann die geschätzte Dauer hiervon abweichen.

Anfallende Kosten

Projektierungskosten, Engineering

Abbildung 4: Übersicht Ressourcen Erstellung Grobkonzept

Die wichtigsten Erkenntnisse dieses Abschnitts

- Das Grobkonzept, auch Lastenheft genannt, stellt die operative Sicht der Logistik dar. Folgende Frage wird hierbei beantwortet: Wer macht was, wann, wo, wie, womit, mit welcher technischen und systemischen Unterstützung?

- Das Grobkonzept bildet die Grundlage, um bei LVS-Einführungen und LVS-Ablösungen potentielle Lieferanten anzufragen.

- Das Grobkonzept sollte immer von Personen geschrieben werden, die einen Bezug zur operativen Praxis haben und entsprechende Projekterfahrung vorweisen können.

3.4 Anfrage und Vorauswahl potentieller LVS-Lieferanten

Im nächsten Projektschritt können potentielle LVS-Lieferanten auf Basis des erstellten Grobkonzepts angefragt werden. Hierbei ist zu beachten, dass sowohl Lieferanten mit **proprietären Systemen** als auch Lieferanten mit **SAP-basierten Systemen** angefragt werden sollten.

Handelt es sich bei diesem Projekt um die Weiterentwicklung eines im Einsatz befindlichen Lagerverwaltungssystems, so entfällt im weiteren Vorgehen die Auswahl eines Lieferanten. Das Grobkonzept sollte jedoch auch in diesem Fall die Grundlage für die nächsten Schritte im Projekt sein.

Die Unterschiede der beiden Systeme sollen im Folgenden rudimentär erläutert werden:

Proprietäres System: Ein proprietäres System ist eines vom Hersteller selbst entwickeltes und programmiertes System.

Teilweise existieren am Markt auch proprietäre LVS-Systeme, die sich der SAP-Programmiersprache bedienen. Die Programmierung ist somit standardisiert, die Funktionen und Prozesse werden individuell auf die Kundengegebenheiten angepasst.

SAP-basiertes System: Ein SAP-basiertes System bedient sich der Standardsoftware / Standardkomponenten von SAP für die Lagerlogistik (z.B. SAP-LES, SAP-EWM usw.). Viele typische Prozesse im Lager sind bereits im Standard vorhanden und abgebildet.

Individuelle Kundenprozesse, die nicht im Standard abbildbar sind, werden häufig in Form von sogenannten Z-Transaktionen hinzuprogrammiert. Von sogenannten Modifikationen (größere Änderungen im Programmcode) wird in der Regel abgesehen, da die Gefahr besteht, dass das SAP-System sonst nicht mehr releasefähig ist.

Zur Erklärung: Ein System ist releasefähig, wenn nach dem Customizing-Vorgang die getroffenen Anpassungen des Systems bei der Installation eines Systemupdates nicht verloren gehen.

Bei der Anfrage von potentiellen LVS-Lieferanten wird zunächst ein Erstgespräch geführt. Ziel des Erstgesprächs ist es, sich einen ersten Eindruck von einem potentiellen Lieferanten zu machen. Verläuft dieses Gespräch positiv, sollte das komplette Projektteam im nächsten Schritt Referenzbesuche durchführen. Referenzbesuch bedeutet, dass pro Lieferant mindestens ein bis zwei logistische Abwicklungen bei anderen Firmen vor Ort angesehen werden, die der Lieferant realisiert hat.

3.4.1 Erstgespräch und Referenzbesuche

Im Rahmen eines Erstgesprächs werden potentielle LVS-Lieferanten zu Ihnen an den betreffenden Standort eingeladen, sofern dieser bereits existiert.

Ziel des Erstgesprächs ist es, sich einen ersten Eindruck von dem potentiellen Lieferanten zu machen. In der Regel gibt es eine kurze Vorstellung beider Unternehmen und einige Worte zur Historie des Projekts. Auf der fachlichen Ebene wird ein kurzer Überblick über das geplante LVS-Projekt gegeben. Der Lieferant wird im Gegenzug ausgewählte, zum Projekt und zur Branche passende Realisierungen kurz vorstellen.

Jeder potentielle LVS-Lieferant muss mindestens einen Referenzbesuch für das Projektteam organisieren, bei dem eine logistische Abwicklung eines anderen Unternehmens mit ähnlichen logistischen Anforderungen wie im geplanten Projekt besichtigt werden kann. Bei der Auswahl der Projektreferenzen sollte darauf geachtet werden, dass die realisierten Projekte seitens des Lieferanten durch den Projektleiter des Lieferanten vorgestellt werden. Optimal wäre, wenn es sich bei diesem Projektleiter um die gleiche Person handeln würde, die auch für Ihr geplantes Projekt eingeplant ist. Durch solche Firmenbesuche, die sich meistens über mehrere Stunden erstrecken, gibt es für das Projektteam die Möglichkeit, die zukünftigen potentiellen Projektpartner und Personen kennenzulernen. Hier entstehen bessere und tiefgreifendere Gespräche und Eindrücke als beispielsweise in einem Erstgespräch mit Präsentationen.

3.4.2 Vorauswahl

Nach den Erstgesprächen und Referenzbesuchen wird gemeinsam im Projektteam diskutiert und entschieden, welche Lieferanten in die engere Auswahl für einen LVS-Machbarkeitsworkshop eingeladen werden. Zur Vorbereitung auf den Machbarkeitsworkshop erhalten die potentiellen LVS-Lieferanten das geschriebene Grobkonzept. Ein solcher Machbarkeitsworkshop dauert, abhängig von der Größe und Komplexität des Projektes, ein bis zwei Tage.

Bei der Weiterentwicklung eines Systems entfällt die Auswahl des LVS-Lieferanten, da dieser ja bereits existiert.

Bei sehr großen Weiterentwicklungen, wenn z.B. neue Techniken zum Einsatz kommen sollen, kann es durchaus sinnvoll sein, ebenfalls Referenzbesuche durchzuführen. Hierbei kann überprüft werden, ob der bestehende Lieferant über ausreichend Kompetenzen auf dem neuen Gebiet und die neue Aufgabenstellung verfügt.

3.4.3 Ressourcenübersicht

Im Folgenden sind die notwendigen Ressourcen für den Themenblock „Anfrage und Vorauswahl potentieller LVS-Lieferanten" beschrieben.

Notwendige Ressourcen

Interne Ressourcen		Externe Projektierungsressourcen	
Projektteam Logistik	IT-Abteilung	Logistikberatung	LVS-Lieferant
++	O	+	+

Zeitbedarf: **o** gering **+** hoch **++** sehr hoch **–** keiner

Geschätzte Dauer

1 Monat. Abhängig von der Verfügbarkeit der betroffenen Personen im Projekt kann die geschätzte Dauer hiervon abweichen.

Bei einer Weiterentwicklung entfällt dieser Punkt ggf.

Anfallende Kosten

Projektierungskosten, Engineering

Abbildung 5: Übersicht Ressourcen Vorauswahl LVS-Lieferanten

Die wichtigsten Erkenntnisse dieses Abschnitts

- Bei der Anfrage und Vorwahl von Lieferanten sollten bei freier Systemwahl sowohl Lieferanten mit proprietären Systemen als auch Lieferanten mit SAP-basierten Systemen angefragt werden.

- Zunächst wird mit jedem Lieferanten ein Erstgespräch geführt.

- Jeder potentielle LVS-Lieferant muss mindestens einen Referenzbesuch für das Projektteam organisieren.

- Nach den Erstgesprächen und Referenzbesuchen wird gemeinsam im Projektteam diskutiert und entschieden, welche Lieferanten für einen LVS-Machbarkeitsworkshop eingeladen werden. Zur Vorbereitung auf diesen Workshop erhalten die Lieferanten das Grobkonzept.

3.5 Durchführung von LVS-Machbarkeitsworkshops

Der LVS-Machbarkeitsworkshop mit den potentiellen LVS-Lieferanten verfolgt das

Ziel:

- Beantwortung der Frage: Zu welchem Preis und mit welchem Aufwand ist das neue LVS einführbar?
- Hinterfragen der Kompetenz des IT-Dienstleisters bzgl. des geplantes Projekts

- Herstellen der Entscheidungsfähigkeit im Projektteam für einen zukünftigen LVS-Partner

Wichtig ist hierbei, dass seitens der LVS-Lieferanten genau die Personen am Workshop teilnehmen, welche auch später die Realisierung des Projektes begleiten sollen. Neben den passenden Kompetenzen muss auch die Chemie im zukünftigen Projektteam passen.

Handelt es sich bei dem LVS-Projekt um eine komplexe Weiterentwicklung des Systems, was zur Folge hat, dass der Projektpartner bereits festgelegt ist, sollte trotzdem ein Machbarkeitsworkshop durchgeführt werden. Hierbei sollte der LVS-Dienstleister überprüfen und vorstellen, mit welchem Aufwand und mit welchem Lösungsansatz die neuen geplanten Prozesse im laufenden LVS abgebildet werden könnten.

3.5.1 Ablauf des Workshops

Pro Lieferant müssen, abhängig vom Projektumfang, ca. 1,5 bis 2,5 Tage eingeplant werden. Hierbei sind ein bzw. zwei Tage für den Workshop selbst und ein halber Tag für die Abschlusspräsentation vorgesehen.

In einem Workshop (1 bzw. 2 Tage) stellt die externe Beratung dem IT-Dienstleister das zu realisierende Konzept vor. Zur Vorbereitung auf den Workshop hat der LVS-Lieferant bereits das geschriebene Grobkonzept erhalten.

Der IT-Dienstleister stellt im Rahmen eines zweiten Termins (1/2 Tag) seine Ergebnisse aus dem Workshop vor:

- Vorstellung der einzelnen Teilkonzepte: Wie werden die Prozesse im System abgebildet?
- Konzept zur Einführung (Fall-Back-Strategie, ggf. Einführung im laufenden Betrieb, Testphase, Erstellung der Testfälle usw.)
- Abschätzung von Budget und Zeitdauer für die Umsetzung des Projektes

Hier gilt die Regel: Bei der endgültigen Preisabgabe im Rahmen eines Angebots nach der Feinpflichtenheftphase darf der Preis nur +/- 20% des nach dem Workshop geschätzten Budgets betragen.

Im Rahmen der Abschlusspräsentation gilt es auch auf die Vor- und Nachteile von proprietären Systemen bzw. SAP-basierten Systemen, sofern diese Wahl und Entscheidung offen zu Diskussion steht, einzugehen. Der potentielle Lieferant sollte eine Empfehlung abgeben können.

3.5.2 Ressourcenübersicht

Im Folgenden sind die notwendigen Ressourcen für den Themenblock „Durchführung LVS-Machbarkeitsworkshops" beschrieben.

Notwendige Ressourcen

Interne Ressourcen		Externe Projektierungsressourcen	
Projektteam Logistik	IT-Abteilung	Logistikberatung	LVS-Lieferant
++	+	++	++

Zeitbedarf: **o** gering **+** hoch **++** sehr hoch **–** keiner

Geschätzte Dauer

1 Monat

Anfallende Kosten

Projektierungskosten, Engineering, Aufwandsentschädigung für die LVS-Lieferanten für die Workshopteilnahme.

Abbildung 6: Übersicht Ressourcen LVS-Machbarkeitsworkshops

Die wichtigsten Erkenntnisse dieses Abschnitts

- Der LVS-Machbarkeitsworkshop mit den potentiellen LVS-Lieferanten sollte die Frage beantworten „Zu welchem Preis und mit welchem Aufwand ist das neue LVS einführbar?".

- Nach den Workshops sollte sich das Projektteam mit Überzeugung für den zukünftigen LVS-Partner entscheiden können.

- Handelt es sich bei dem LVS-Projekt um eine Weiterentwicklung des Systems, sollte trotzdem ein Machbarkeitsworkshop durchgeführt werden, um zu überprüfen, mit welchem Aufwand und mit welchem Lösungsansatz die neuen geplanten Prozesse im laufenden LVS abgebildet werden können.

- Pro Lieferant und Workshop werden ca. 1,5 bis 2,5 Tage eingeplant.

3.6 Entscheidungsfindung vorläufiger LVS-Lieferant und System

Nachdem die Machbarkeitsworkshops und die Ergebnispräsentationen der einzelnen Lieferanten beendet sind, sollte Transparenz hinsichtlich folgender Kriterien geschaffen worden sein:

- Kompetenzen der einzelnen Lieferanten,
- Kompetenzen des Realisierungsteams,
- Chemie und Kultur im Projektteam,
- Budgetsicht,

- Terminplanung sowie
- Vor- und Nachteile von proprietären Systemen bzw. SAP-basierten Systemen, sofern es eine freie Wahl hinsichtlich des Systems gibt

Ist bei der Umsetzung des LVS-Projektes die Wahl des Systems frei, so muss nun die folgende Grundsatzfrage beantwortet werden:

Soll das neue LVS ein proprietäres System oder ein SAP-basiertes System sein?

Erst wenn diese Entscheidung getroffen ist, kann ein Lieferant für die Feinpflichtenheftphase ausgewählt und beauftragt werden. Es kommt durchaus vor, dass ein Unternehmen diesem Thema sehr offen gegenübersteht. Somit steht weniger die Wahl des Systems als die Auswahl für den richtigen und kompetenten IT-Partner im Vordergrund.

Mit der Auswahl des zukünftigen LVS-Lieferanten endet die Projektphase 1 „Ist-Aufnahme und Konzeptentwicklung".

3.6.1 Ressourcenübersicht

Im Folgenden sind die notwendigen Ressourcen für den Themenblock „Entscheidungsfindung System und Lieferant" beschrieben.

Notwendige Ressourcen

Interne Ressourcen		Externe Projektierungsressourcen	
Projektteam Logistik	IT-Abteilung	Logistikberatung	LVS-Lieferant
+	+	O	–

Zeitbedarf: o gering + hoch ++ sehr hoch – keiner

Geschätzte Dauer

1 Monat.

Bei einer Weiterentwicklung entfällt dieser Punkt.

Anfallende Kosten

Projektierungskosten, Engineering

Abbildung 7: Übersicht Ressourcen Entscheidungsfindung System und Lieferant

Die wichtigsten Erkenntnisse dieses Abschnitts

- Die Machbarkeitsworkshops sorgen im Projektteam für Transparenz hinsichtlich der Projektkriterien Kompetenz, Budget und Terminplanung.

- Sofern es eine freie Wahl gibt, entscheidet sich das Projektteam gemeinsam für die Art eines Systems (proprietär, SAP-basiert).

- Das Projektteam entscheidet sich für einen IT-Partner, der nun für die Erstellung des Feinpflichtenhefts (Projektphase 2) beauftragt wird.

3.7 Ergebnis Projektphase 1

Ziel und Ergebnis der Phase 1 im LVS-Projekt ist, dass die Entscheidungen für

- die Art des Systems (proprietär oder SAP-basiert) und
- den Wunschlieferanten, mit dem das Feinpflichtenheft in Phase 2 geschrieben werden soll,

unter der Berücksichtigung von Kostenschätzung und Zeitbedarf getroffen werden.

Diese Entscheidungen fallen bei einer Einführung oder Ablösung eines Systems an.

Bei einer Weiterentwicklung des bestehenden Systems ist sowohl der Lieferant als auch das System bereits festgelegt. Es herrscht nach Abschluss der Phase 1 Transparenz über Kosten und Zeitbedarf.

4 Projektphase 2: Feinplanung mit Feinpflichtenhefterstellung

Die Projektphase 2 „Feinplanung mit Feinpflichtenhefterstellung" beinhaltet folgende Themen:

1. Erstellung Feinpflichtenheft mit LVS-Lieferant
2. Vorbereitung Vergabegespräche und Vergabe

4.1 Erstellung Feinpflichtenheft mit LVS-Lieferant

Mit der Entscheidung, ob die Wahl auf ein proprietäres oder SAP-basiertes System fällt, kann nun das Feinpflichtenheft mit dem aus dem Machbarkeitsworkshop ausgewählten Lieferanten geschrieben werden.

Die Erstellung des Feinpflichtenhefts erfordert besondere Sorgfalt. Alles, was hier in textueller Form oder auch in Form von Zeichnungen und Ablaufdiagrammen niedergeschrieben wird, bildet die Basis für die Umsetzung und somit die Programmierung bzw. das Customizing des Systems.

Das Feinpflichtenheft enthält in detaillierter Form die <u>operativen</u> <u>Themen</u>, die bereits das Grobkonzept enthält, wie:

- Lagerstruktur
- Geforderte Leistungszahlen (z.B. Anzahl Doppelspiele im automatischen Hochregallager, Anzahl Picks pro Mitarbeiter und Stunde, Anzahl verpackter Einheiten pro Stunde am Packplatz usw.)
- Wareneingang und Vereinnahmung
- Nachschub
- Packstückbildung, auch Case Calculation genannt
- Strategien für Nachschub, Auftragssteuerung, Einlagerungssystematik
- Kommissionierung
- Verpacken und Versandbelege erstellen (Etiketten, Lieferscheine usw.)
- Warenausgang und Verladung
- Sonderabwicklungen für spezielle Kunden (Konfektionierung, Etikettierung, Sammelaufträge usw.)
- Sonderprozesse (z.B. für Artikel mit speziellen Eigenschaften)
- Inventur
- Monitoring Lager gesamt und Lagerbereiche (Status des operativen Tagesgeschäfts)
- Statistiken / Controlling (Kennzahlensystem zur Auswertung der Vergangenheit)

sowie <u>IT-spezifische Themen</u>, die nun genau definiert werden können, wie:

- Hard- und Softwarekomponenten
- Systemarchitektur
- Schnittstellen
- Testsystem
- Ablauf der Tests
- Möglichkeiten eines Fall-Back
- Planung, Einführung und Inbetriebnahme.

Die Inbetriebnahme kann ggf. in mehreren Schritten erfolgen, wenn ein sogenannter Big Bang (alle Funktionen werden auf einmal in Betrieb genommen) zu risikoreich erscheint.

Für die Erstellung des Pflichtenhefts werden regelmäßige Termine im Abstand von ein bis drei Wochen wahrgenommen, bei denen das Projektteam und die verantwortlichen Personen des IT-Partners teilnehmen.

Pro Termin werden

- ein oder mehrere Themen (Kapitel) detailliert durchgesprochen,
- der Lieferant schreibt diese Informationen im Feinpflichtenheftentwurf nieder und
- schickt dann die neu geschriebenen Kapitel zur Kontrolle und Korrektur an die Projektteamrunde.

Offene Punkte werden dann in den anschließenden Terminen jeweils korrigiert und eingearbeitet.

In der Regel kostet die Erstellung eines LVS-Feinpflichtenheftes zwischen 40.000 und 70.000 Euro.

Während der Feinpflichtenheftphase ist es zwingend erforderlich, dass Ansprechpartner aus der internen IT-Abteilung des Unternehmens bei den IT-relevanten Themen an den Pflichtenheftterminen teilnehmen. Hier müssen alle Unklarheiten bzgl. des Hostsystems oder, bei mehreren, der Host-Systeme sowie sämtliche Schnittstellen besprochen und geklärt werden.

Die Feinpflichtenhefterstellung ist eine sehr zeit- und energieintensive Phase. Diskussionen und Unstimmigkeiten, auch innerhalb des internen Projektteams, sind durchaus üblich und können sehr anstrengend sein. Hier sei nochmals auf die goldene Regel von LVS-Projekten verwiesen „Qualität geht vor Zeit."

Wenn alle Themen bearbeitet und niedergeschrieben sind, d.h. sämtliche Korrekturläufe der einzelnen Themen und Kapitel sind beendet, kann das Feinpflichtenheft abgeschlossen und zur Umsetzung freigegeben werden.

4.1.1 Ressourcenübersicht

Im Folgenden sind die notwendigen Ressourcen für den Themenblock „Feinpflichtenhefterstellung" beschrieben.

Notwendige Ressourcen

Interne Ressourcen		Externe Projektierungsressourcen	
Projektteam Logistik	IT-Abteilung	Logistikberatung	LVS-Lieferant
++	+	++	++

Zeitbedarf: o gering + hoch ++ sehr hoch − keiner

Geschätzte Dauer

3 Monate.

Anfallende Kosten

Projektierungskosten, Engineering

Kosten für die Erstellung eines Pflichtenhefts ca. 40.000 bis 70.000 Euro.

Abbildung 8: Übersicht Ressourcen Erstellung Feinpflichtenheft

Die wichtigsten Erkenntnisse dieses Abschnitts

- Die Erstellung des Feinpflichtenhefts erfordert besondere Sorgfalt. Sonst leidet die Qualität der Umsetzung auf Kosten des Projekterfolgs.

- Das Feinpflichtenheft enthält in detaillierter Form sowohl die operativen Themen, die das Grobkonzept bereits enthält, als auch IT-spezifische Themen, die nun genau definiert werden müssen.

- Für die Erstellung des Pflichtenhefts werden regelmäßige Termine eingestellt.

- Die Erstellung eines LVS-Feinpflichtenheftes kostet in der Regel kostet zwischen 40.000 und 70.000 Euro.

- Die Feinpflichtenhefterstellung ist eine sehr zeit- und energieintensive Phase. Es kommt häufig zu Unstimmigkeiten im Projektteam.

4.2 Vorbereitung Vergabegespräche und Vergabe

Der LVS-Lieferant kann nach Fertigstellung des Feinpflichtenhefts seinen im Machbarkeitsworkshop geschätzten Preis nun überprüfen und ggf. korrigieren. Es steht der Preis für das Projekt, auf dessen Basis verhandelt werden kann.

Im Rahmen der Vergabegespräche, die gemeinsam mit der Einkaufsabteilung des Unternehmens geführt werden sollten, müssen folgende Themen zwingend angesprochen, verhandelt und im Vertrag schriftlich fixiert werden:

- Zusage von festen Projektmitgliedern mit Namen seitens des LVS-Lieferanten
- Terminplan für die einzelnen Stufen
- Pönale (Vertragsstrafe) für den LVS-Lieferanten, die der LVS-Lieferant bei selbstverschuldeter Terminverzögerung zu leisten hat
- Vereinbarungen zur Leistung der technischen Komponenten (Hardware), falls diese im Projekt eine wichtige Rolle spielen
- Preis
- Zahlungsmodalitäten
- Lizenzen für Software
- Hotline für Störungen
- Wartungsvertrag

Bei der Weiterentwicklung eines Systems entfallen einige der aufgeführten Punkte, da diese in der Regel schon Bestandteil des LVS-Initialprojektes waren.

Ist die Vergabe abgeschlossen und das Feinpflichtenheft freigegeben, so schließt die zweite Phase ab. Es beginnt die Projektumsetzung.

4.2.1 Ressourcenübersicht

Im Folgenden sind die notwendigen Ressourcen für den Themenblock „Vorbereitung und Vergabe" beschrieben.

Notwendige Ressourcen

Interne Ressourcen		Externe Projektierungsressourcen	
Projektteam Logistik	IT-Abteilung	Logistikberatung	LVS-Lieferant
+	+	O	O

Zeitbedarf: **o** gering **+** hoch **++** sehr hoch **–** keiner

Geschätzte Dauer

1 Monat.

Bei einer Weiterentwicklung entfällt dieser Punkt.

Anfallende Kosten

Projektierungskosten, Engineering

Abbildung 9: Übersicht Ressourcen Vorbereitung und Vergabe

Die wichtigsten Erkenntnisse dieses Abschnitts

- Der LVS-Lieferant kann nach Fertigstellung des Feinpflichtenhefts seinen im Machbarkeitsworkshop geschätzten Preis nun überprüfen und ggf. korrigieren.

- Auf dieser Preisbasis können die Verhandlungen gestartet werden.

- Die Vergabegespräche sollten gemeinsam mit der Einkaufsabteilung des Unternehmens geführt werden.

4.3 Ergebnis Projektphase 2

Ziel und Ergebnis der Phase 2 ist, dass das Unternehmen

- Kostensicherheit bzgl. der Projektrealisierung erhält,
- dem LVS-Lieferant die Realisierung des Projektes zutraut (Kompetenz, Erfahrung) und
- diesen Lieferanten für die Projektumsetzung mit allen projekt- und vertragsrelevanten Punkten beauftragt.

5 Projektphase 3: Umsetzung und Inbetriebnahme

Die Projektphase 3 „Umsetzung und Inbetriebnahme" beinhaltet folgende Themen:

1. Realisierung
    1. Programmierung / Customizing durch den LVS-Lieferanten
    2. Installation eines Testsystems, wenn noch nicht vorhanden
    3. Erstellung von Testfällen
    4. Durchführung der Tests
    5. Schulung der Mitarbeiter
2. Inbetriebnahme / Go-live, ggf. in Stufen

5.1 Realisierung

Im Realisierungszeitraum laufen viele Aktivitäten parallel ab. Hier gilt es, sich gut zu organisieren, um den Überblick zu behalten. Bei beiden Projektpartnern sollte gewährleistet sein, dass die im Projekt mitwirkenden Personen ausreichend Zeit für das Projekt zur Verfügung haben und nicht bereits für andere Projekte oder Aufgaben parallel eingeplant werden.

5.1.1 Programmierung / Customizing durch den LVS-Lieferanten

Der LVS-Lieferant beginnt mit der Anpassung seines Systems an die im Feinpflichtenheft beschriebenen Prozesse und Anforderungen.

Spezialfall SAP-basiertes System: Sollte SAP zum Einsatz kommen, so verfolgen viele Firmen die Strategie, eigene IT-Mitarbeiter in den Programmierprozess beim Lieferanten einzubinden. Der Hintergrund hierbei ist, dass sich die eigenen IT-Mitarbeiter Programmierkenntnisse und Know-how des verwendeten SAP-Logistikmoduls aneignen sollen, um zu einem späteren Zeitpunkt nach Projektende Wartungen, Fehlerbehebungen und ggf. kleine Anpassungen am System selbst vornehmen zu können. Dies spart langfristig Kosten. Weiterhin ist dann wichtiges System-Know-how für zukünftige Themen im eigenen Unternehmen vorhanden.

5.1.2 Installation eines Testsystems

Parallel zum Entwicklungssystem wird vom Lieferanten ein Testsystem aufgesetzt. Dieses besteht häufig aus einem eigenen Server und läuft völlig unabhängig. Dieses Testsystem wird für Tests des Lieferanten als auch für die internen Tests der späteren Key-User im Unternehmen verwendet. Das Testsystem beinhaltet ein vollständiges Lagerverwaltungssystem.

Ist die Inbetriebnahme des neuen LVS erfolgt, so kann das Testsystem zu einem späteren Zeitpunkt für neue Tests zu Änderungen am laufenden System herangezogen werden.

Bei einem Weiterentwicklungsprojekt, bei dem das vorhandene System um neue Funktionen ergänzt wird, entfällt dieser Schritt. Normalerweise existiert bereits ein Testsystem, welches für die Inbetriebnahme und die weitere LVS-Historie zum Testen verwendet wurde.

5.1.3 Erstellung von Testfällen

In vielen Projekten gibt es keinen besonderen Fokus auf die Erstellung von Testfällen. Hin und wieder kann es sogar vorkommen, dass dieses wirklich wichtige Thema aufgrund der Vielzahl und Komplexität anderer Themen oder aus Mangel an Ressourcen einfachen vergessen wird.

Ein Testfall (engl. test case) beschreibt einen elementaren, funktionalen Softwaretest, der der Überprüfung eines Prozesses dient, welcher im Rahmen des Feinpflichtenheftes besprochen wurde. Ein Testfall umschreibt somit den Ablauf eines Prozesses, der im LVS bearbeitet, gebucht oder gesteuert werden muss.

Durch Variation der Eingabewerte und von Parametern der Vorbedingungen lassen sich verschiedene Varianten eines Testfalls überprüfen.

Das folgende Beispiel zeigt einen Testfall mit zwei Untervarianten:

Beispielprozess: „Quittierung eines vorgeplanten Behälters durch Scannen"

- Testfall 1: Scannen des richtigen Behälters (Barcode)

  → Scanner gibt ein hohes Tonsignal. Auf dem Bildschirm des Terminals erscheint der Text „Behälter quittiert"
- Testfall 2: Scannen eines falschen Behälters

  → Scanner gibt ein dumpfes Tonsignal. Auf dem Bildschirm des Terminals erscheint die Fehlermeldung „Falscher Behälter gescannt."

Die Erstellung von Testfällen ist großer Aufwand, sorgt jedoch bei der Durchführung der Tests für einen klaren, definierten Ablauf und Transparenz. Kapazitäten, die in diese Thematik investiert werden, zahlen sich zu einem späteren Zeitpunkt im Projekt definitiv aus.

Die Testfälle werden häufig von den Key-Usern geschrieben. Bei Bedarf kann der LVS-Lieferant oder eine sonstige interne oder externe Ressourcen wie z.B. die Logistikberatung diesen Prozess unterstützen.

5.1.4 Durchführung der Tests

Die geschriebenen Testfälle werden während der Testphase von den Key-Usern nacheinander im Testsystem durchgeführt.

Neben dem eigentlichen Softwaretest ist diese Phase besonders wichtig, weil sich die Key-User in das neue System einarbeiten können. Die Key-User sollten die neuen Prozesse wirklich gut beherrschen, damit sie vor der Inbetriebnahme kompetent die Schulungen der Mitarbeiter durchführen können. Sollten hier noch Dialoge für die Mitarbeiter unverständlich sein, so können diese Dialoge und Abläufe in diesem Stadium des Projektes noch mit einem überschaubaren Aufwand geändert werden.

Die Durchführung der Tests bindet viele Kapazitäten und Zeit. Die Tests sollten jedoch mit großer Sorgfalt durchgeführt werden, da das Ende der Testphase (alle Tests waren erfolgreich) der Startschuss für das Go-live (Inbetriebnahme des neuen Systems) ist.

5.1.5 Schulung der Mitarbeiter

Wenn die Tests erfolgreich sind, kann die Schulung der Mitarbeiter im Lager in das neue LVS beginnen. Hierfür werden häufig Testaufträge aus dem laufenden System (Echtdaten) in das Testsystem eingespielt, an denen man die neuen Dialoge und Prozesse ausprobieren kann.

Die Schulung der Mitarbeiter sollte unmittelbar vor der Inbetriebnahme erfolgen. Dies hat den Sinn, dass das neue gelernte Wissen frisch ist.

Die Schulungen werden wie bereits beschrieben von den Key-Usern aus den jeweiligen Bereichen durchgeführt.

5.1.6 Ressourcenübersicht

Im Folgenden sind die notwendigen Ressourcen für den Themenblock „Realisierung" beschrieben.

Notwendige Ressourcen

Interne Ressourcen		Externe Projektierungsressourcen	
Projektteam Logistik	IT-Abteilung	Logistikberatung	LVS-Lieferant
++	+	++	++

Zeitbedarf: o gering + hoch ++ sehr hoch − keiner

Geschätzte Dauer

6 Monate

Anfallende Kosten

Projektierungskosten, Engineering, Investitionskosten LVS

Abbildung 10: Übersicht Ressourcen Realisierung

Die wichtigsten Erkenntnisse dieses Abschnitts

- Bei beiden Projektpartnern (Unternehmen, LVS-Lieferant) sollte gewährleistet sein, dass die im Projekt mitwirkenden Personen ausreichend Zeit für das Projekt zur Verfügung haben.

- Sollte SAP zum Einsatz kommen, so verfolgen viele Firmen die Strategie, eigene IT-Mitarbeiter in den Programmierprozess beim Lieferanten einzubinden, um intern SAP-Know-how aufzubauen.

- Parallel zum Entwicklungssystem wird vom Lieferanten ein Testsystem aufgesetzt. Dieses Testsystem beinhaltet ein vollständiges Lagerverwaltungssystem.

- Die Erstellung von Testfällen stellt einen enormen Aufwand dar, sorgt jedoch bei der Durchführung der Tests für einen klaren, definierten Ablauf und Transparenz. Trotz des großen Aufwands sollte dieses wichtige Thema nicht vergessen werden.

- Die Durchführung der Tests ist wichtig, um alle Fehler zu beheben. Darüber hinaus arbeiten sich die Key-User in das neue System ein.

- Die Schulung der Mitarbeiter sollte unmittelbar vor der Inbetriebnahme erfolgen.

5.2 Inbetriebnahme / Go-live

Das Go-live (Inbetriebnahme) des neuen Lagerverwaltungssystems sollte in einen Zeitraum eingeplant werden, in dem das Lager, sofern es bereits einen operativen Betrieb gibt, wenig Tagesgeschäft hat. Aus diesem Grund werden Inbetriebnahmen häufig auf ein Wochenende in einer Zeit mit geringem Auftragsvolumen gelegt. Weihnachten und Ostern sind ebenfalls beliebte Termine für LVS-Inbetriebnahmen.

Für die Inbetriebnahme ist es erforderlich, dass alle Key-User zur Verfügung stehen.

Sollte die Inbetriebnahmen aufgrund der Projektkomplexität in mehreren Stufen erfolgen, so werden die Prozesse der zweiten Stufe erst in Betrieb genommen, wenn sich die erste Stufe eingeschwungen hat, die Mitarbeiter eingearbeitet sind und alle Prozesse fehlerfrei laufen. Gibt es mehr als zwei Stufen der Inbetriebnahme, so wird nach gleicher Logik weiter verfahren.

5.2.1 Ressourcenübersicht

Im Folgenden sind die notwendigen Ressourcen für den Themenblock „Inbetriebnahme" beschrieben.

Notwendige Ressourcen

Interne Ressourcen		Externe Projektierungsressourcen	
Projektteam Logistik	IT-Abteilung	Logistikberatung	LVS-Lieferant
++	+	O	+

Zeitbedarf: **o** gering   **+** hoch   **++** sehr hoch   **–** keiner

Geschätzte Dauer

1 Monat

Anfallende Kosten

Projektierungskosten, Engineering, Investitionskosten LVS

Abbildung 11: Übersicht Ressourcen Inbetriebnahme

Die wichtigsten Erkenntnisse dieses Abschnitts

- Die Inbetriebnahme des neuen Lagerverwaltungssystems bzw. der neuen Funktionen sollte in einen Zeitraum mit wenig Tagesgeschäft eingeplant werden.

- Für die Inbetriebnahme ist es erforderlich, dass alle Key-User zur Verfügung stehen.

- Sollte die Inbetriebnahmen in mehreren Stufen erfolgen, so werden die Prozesse der zweiten Stufe erst in Betrieb genommen, wenn alle Prozesse der ersten Stufe fehlerfrei laufen.

5.3 Ergebnis Projektphase 3

Das Ziel der Phase 3 ist die <u>produktive, fehlerfreie Nutzung</u> des neuen Lagerverwaltungssystems.

6 Zusammenfassung

6.1 Gesamtdauer Projekt

Die Gesamtdauer eines solchen Projektes beträgt ca. 16 Monate für die Einführung bzw. Ablösung eines Lagerverwaltungssystems. Bei einem Weiterentwicklungsprojekt verkürzt sich die Dauer um drei Monate auf ein gutes Jahr (ca. 13 Monate).

Die folgende Grafik zeigt nochmals, wie sich die Zeiträume auf die einzelnen Projektphasen für ein Einführungs- bzw. Ablösungsprojekt aufteilen:

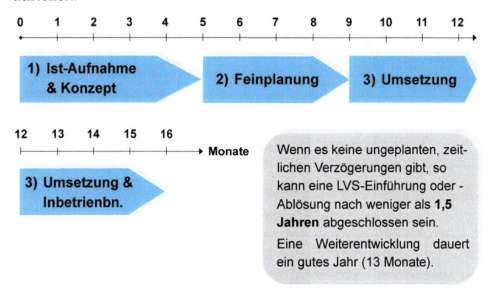

Abbildung 12: Gesamtdauer Projekt

6.2 Ressourcen Projektphasen

Die folgenden Übersichten zeigen auf, welche Ressourcen (Kapazitäten und Kompetenzen) in welcher Intensität während der einzelnen Projektphasen hinweg benötigt werden:

	Interne Ressourcen		Externe Ressourcen		
Aktivitäten Projektphase 1	Projektteam Logistik	IT-Abteilung	Logistik-beratung	LVS-Lieferant	Dauer *
Ist-Aufnahme / Soll-Darstellung	+	+	++	–	1 Monat
Erstellung Grobkonzept	O	O	++	–	1 Monat
Vorauswahl potentieller LVS-Lieferanten	++	O	+	+	1 Monat W: entfällt
LVS-Machbarkeitsworkshops	++	+	++	++	1 Monat
Entscheidungsfindung	+	+	O	–	1 Monat W: entfällt
* W steht für Weiterentwicklung. Hierbei entfällt dieser Schritt.			Gesamtdauer Projekt		5 Monate
			Weiterentwicklung		3 Monate

Zeitbedarf: o gering   + hoch   ++ sehr hoch   - keiner

Abbildung 13: Ressourcenplanung Phase 1

In der Phase 1 ist der Unterschied hinsichtlich des Zeitbedarfs bei einer Unterscheidung zwischen Einführung / Ablösung bzw. Weiterentwicklung besonders groß. Dadurch, dass der LVS-Partner nicht mehr ausgewählt werden muss und das System bereits festgelegt ist, entfallen die Punkte „Vorauswahl Lieferant" und „Entscheidungsfindung".

	Interne Ressourcen		Externe Ressourcen		
Aktivitäten Projektphase 2	**Projektteam Logistik**	**IT-Abteilung**	**Logistik-beratung**	**LVS-Lieferant**	**Dauer ***
Erstellung Feinpflichtenheft	++	+	++	++	3 Monate
Vorbereitung und Vergabe	+	+	O	O	1 Monat W: entfällt
* W steht für Weiterentwicklung. Hierbei entfällt dieser Schritt.			**Gesamtdauer Projekt**		**4 Monate**
			Weiterentwicklung		3 Monate

Zeitbedarf: o gering   + hoch   ++ sehr hoch   - keiner

Abbildung 14: Ressourcenplanung Phase 2

Auch die Phase 2 fällt bei einem Weiterentwicklungsprojekt kürzer aus. Mit dem LVS-Partner gibt es bestehende Verträge. Somit muss in der Regel nicht von Grund auf neu verhandelt werden, da alle Rahmenbedingungen bereits in der Vergangenheit ausgehandelt wurden.

	Interne Ressourcen		Externe Ressourcen		
Aktivitäten Projektphase 3	**Projektteam Logistik**	**IT-Abteilung**	**Logistik-beratung**	**LVS-Lieferant**	**Dauer**
Realisierung	++	+	O	++	6 Monate
Inbetriebnahme / Go-live	++	+	O	+	1 Monat
			Gesamtdauer Projekt		**7 Monate**
			Weiterentwicklung		7 Monate

Zeitbedarf: o gering   + hoch   ++ sehr hoch   - keiner

Abbildung 15: Ressourcenplanung Phase 3

In der Projektphase 3 unterscheiden sich die verschiedenen Varianten nicht. Hier hängt die Gesamtdauer vielmehr vom Programmieraufwand, den Systemanpassungen und der Dauer der Tests ab.

6.3 Investitionen

Abschließend zeigt die folgende Übersicht nochmals die Inhalte sowie die Ziele der einzelnen Projektphasen auf.

Zusätzlich enthält die Grafik die Informationen, zu welchem Zeitpunkt im Projekt welche Kosten und Investitionen anfallen.

Ist-Aufnahme & Konzept	Feinplanung	Umsetzung & Inbetriebnahme
Phase 1:	**Phase 2:**	**Phase 3:**
IST-Aufnahme, Konzeptentwicklung, Soll-Darstellung und Lieferantenauswahl.	Erstellung Feinpflichtenheft.	Realisierung und Inbetriebnahme.
Phasenziel:	**Phasenziel:**	**Phasenziel:**
Entscheidung Systemart (proprietär, SAP-basiert), Auswahl LVS-Lieferant.	Kostensicherheit und Vergabe.	Produktive Nutzung (ggf. in Schritten).
Phasenkosten:	**Phasenkosten:**	**Phasenkosten:**
Projektierungskosten. Kosten für LVS-Workshops.	Projektierungskosten. Kosten für die Erstellung des Feinpflichtenhefts.	Projektierungskosten. **Investitionskosten LVS.**

Abbildung 16: Phasenziele und Phasenkosten

Es bleibt festzuhalten, dass erst in der dritten Phase, d.h. wenn das Projekt realisiert wird, die Investitionskosten für das neue LVS anfallen.

In den Phasen 1 und 2 fallen ausschließlich die internen und externen Projektierungskosten, sowie die Kosten für die LVS-Machbarkeitsworkshops und in Phase 2 die Kosten für die Erstellung des Feinpflichtenhefts an.

7 Abschlussbemerkung

Ich hoffe, Sie hatten beim Lesen dieses Buches neue Erkenntnisse hinsichtlich Ihres geplanten oder bereits laufenden Projektes. Vielleicht ist das eine oder andere große Fragezeichen verschwunden und Sie haben gar einen Motivationsschub für Ihr Projekt erhalten.

Sollten Sie Fragen und Anregungen zum Buch oder allgemein zum Thema LVS haben, so können Sie diese gerne an uns adressieren:

lvs-buch@vppl.de

Wir beantworten Ihre Fragen auch gerne in unserem Blog. Dann können alle Interessierten das Thema weiterverfolgen.

Ich wünsche Ihnen viel Erfolg für und mit Ihrem LVS-Projekt: unabhängig davon, ob es sich bei Ihnen um eine Ablösung, Einführung oder Weiterentwicklung handelt.

Ihre Christine Klomann